Impressum
Verlag: BABADADA GmbH, Nedderfeld 112 , 22529 Hamburg
Geschäftsführer / Verlagsleitung: Harald Hof
Druck: Books on Demand GmbH, In de Tarpen 42, 22848 Norderstedt

Imprint
Publisher: BABADADA GmbH, Nedderfeld 112 , 22529 Hamburg, Germany
Managing Director / Publishing direction: Harald Hof
Print: Books on Demand GmbH, In de Tarpen 42, 22848 Norderstedt

դպրոց
l'école

la salle de classe
բաժանել
diviser
186/2
գրատախտակ
le tableau noir
խաղադաշտ
la cour (de récréation)
ուսուցիչ
le professeur
թուղթ
le papier
գրել
écrire
գրիչ
le stylo
գրասեղան
le bureau
քանոն
la règle
գիրք
le livre
աշակերտ

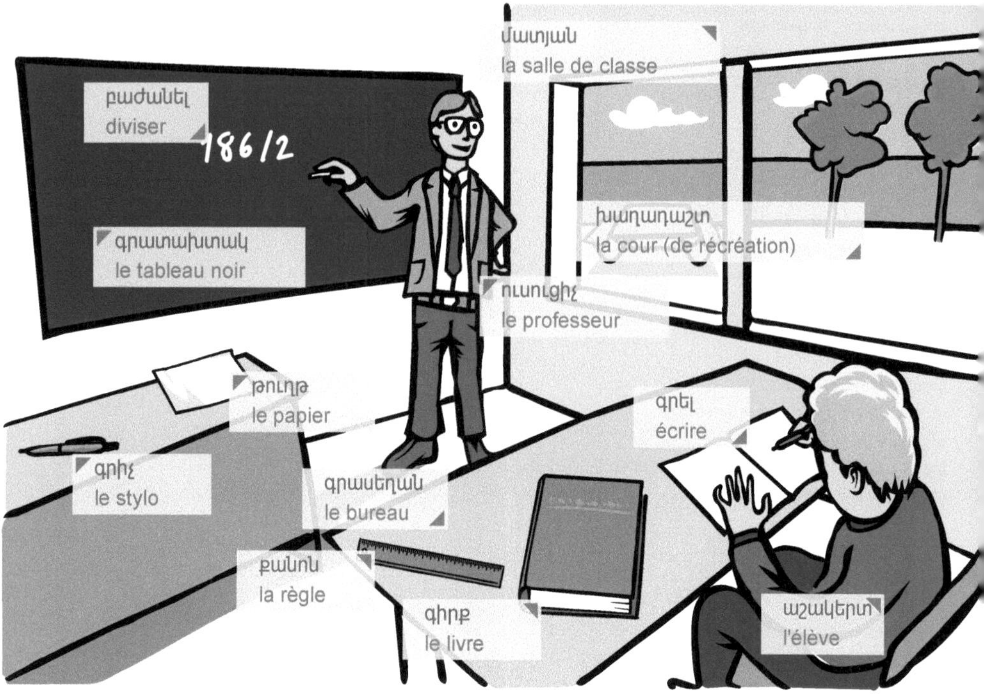

պայուսակ

le cartable

գրչատուփ

la trousse

մատիտ

le crayon

մատիտի սրիչ

le taille-crayon

ռետին

la gomme

նկարչական ալբոմ

le carnet à dessin

2

նկարչություն

le dessin

վրձին

le pinceau

ներկերի տուփ

la boîte de peinture

մկրատ

les ciseaux

սոսինձ

la colle

տետր

le cahier d'exercices

Տնային աշխատանք

les devoirs

թիվ

le chiffre

գումարել

additionner

հանել

soustraire

բազմապատկել

multiplier

հաշվել

calculer

տառ

la lettre

այբուբեն

l'alphabet

բառ

le mot

տեքստ

le texte

կարդալ

lire

կավիճ

la craie

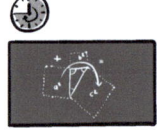

դաս

la leçon

մատյան

le livre de classe

քննություն

l'examen

վկայական

le certificat

դպրոցական համազգեստ

l'uniforme scolaire

կրթություն

la formation

հանրագիտարան

le lexique

համալսարան

l'université

մանրադիտակ

le microscope

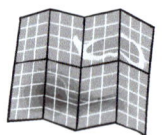

քարտեզ

la carte

աղբարկղ

la corbeille à papier

հյուրանոց
l'hôtel

Grand

հանրակացարան
l'auberge

ROOMS

փոխանակման կետ
le bureau de change

ECHANGE

ճամպրուկ
la valise

ավտոմեքենա
la voiture

լեզու
la langue

այո / ոչ
oui / non

Լավ
d'accord

ողջույն
Salut

թարգմանիչ
l'interprète

Շնորհակալություն
merci

Որքան է ...?

Combien coûte...?

Ես չեմ հասկանում

Je ne comprends pas

խնդիր

le problème

Բարի երեկո

Bonsoir !

Բարի լույս

Bonjour !

Բարի երեկո

Bonne nuit !

ցտեսություն

Au revoir

ուղղություն

la direction

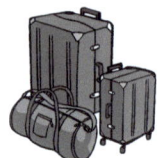

ուղղեբեռ

les bagages

պայուսակ

le sac

մեջքի պայուսակ

le sac-à-dos

հյուր

l'hôte

սենյակ

la pièce

քնապարկ

le sac de couchage

վրան

la tente

Զբոսաշրջության տեղեկատվական

l'office de tourisme

լողափ

la plage

ԿՐԵԴԻՏ քարտ

la carte de crédit

նախաճաշ

le petit-déjeuner

լանչ

le déjeuner

ճաշ

le dîner

տոմս

le billet

վերելակ

l'ascenseur

կնիք

le timbre

սահման

la frontière

մաքսային

la douane

դեսպանություն

l'ambassade

Մուտքի արտոնագիր

le visa

անձնագիր

le passeport

Փոխադրամիջոցներ
le transport

l'avion
նավ
le navire
հրշեջ մեքենա
le véhicule de pompiers
ավտոբու
le bus
բեռնատար մեքենա
le camion
ոտորանավակ
bateau à moteur
հեծանիվ
la bicyclette
ավտոմեքենա
la voiture

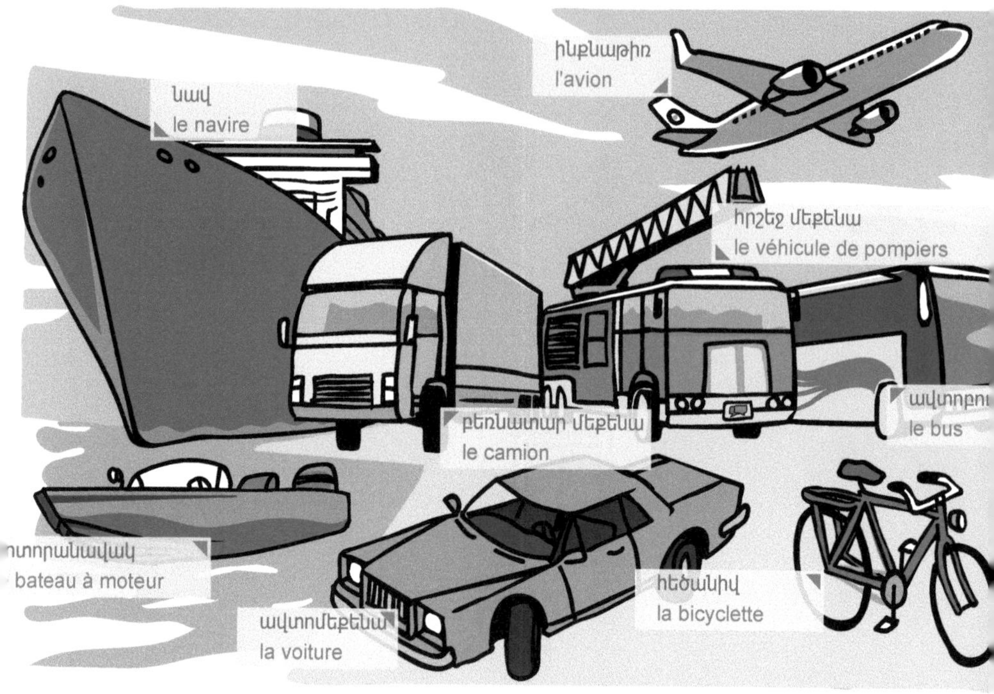

լաստանավ

le ferry

նավակ

la barque

մոտոցիկլ

la moto

ոստիկանության մեքենա

la voiture de police

մրցարշավային մեքենա

la voiture de course

վարձակալվող մեքենա

la voiture de location

ենայի վարձակալում

l'auto-partage

էվակուատոր

la voiture de remorquage

աղբահանության մեքենա

la benne à ordures

շարժիչ

le moteur

վառելիք

l'essence

բենզալցակայան

la station d'essence

րթևեկության նշան

panneau indicateur

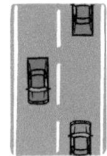

երթևեկություն

le trafic

խցանում

l'embouteillage

ավտոկանգառ

le parking

երկաթուղային կայարան

la gare

երկաթուղագիծ

les rails

գնացք

le train

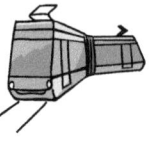

տրամվայ

le tramway

վագոն

le wagon

ուղղաթիռ

l'hélicoptère

օդանավակայան

l'aéroport

աշտարակ

la tour

ուղեւոր

le passager

ամ ան

le conteneur

խավաքարտ

le carton

սայլ

le chariot

զամբյուղ

la corbeille

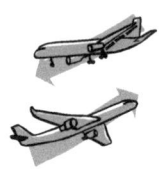

հանեք / հողատարածք

décoller / atterrir

քաղաք

la ville

գյուղ

le village

քաղաքի կենտրոնում

le centre-ville

տուն

la maison

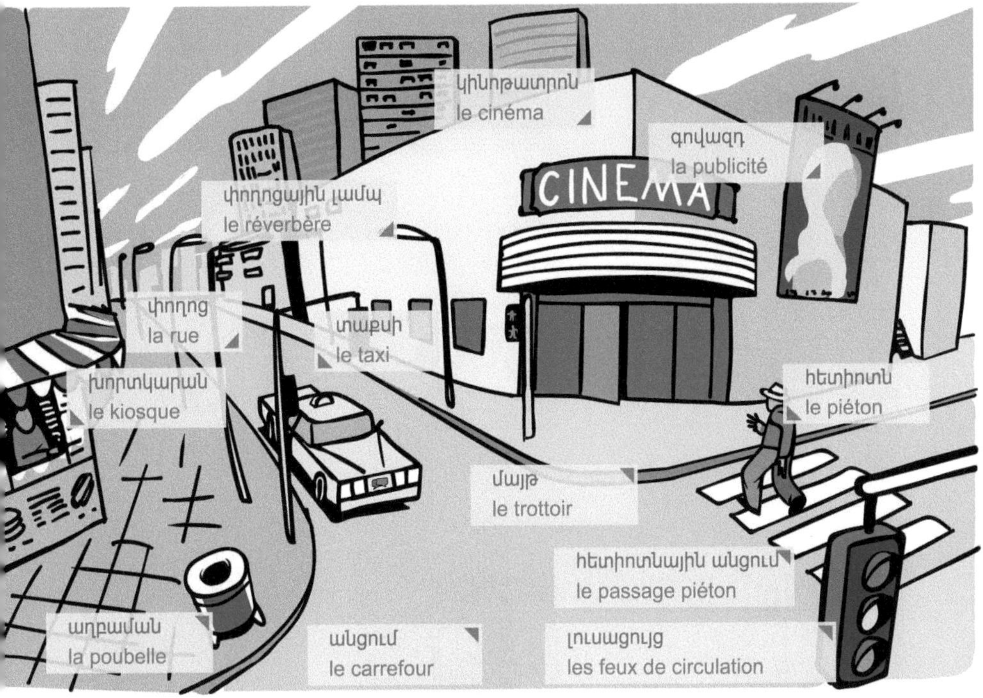

CINEMA
կինոթատրոն
le cinéma
գովազդ
la publicité
փողոցային լամպ
le réverbère
փողոց
la rue
տաքսի
le taxi
խորտկարան
le kiosque
հետիոտն
le piéton
մայթ
le trottoir
հետիոտնային անցում
le passage piéton
աղբաման
la poubelle
անցում
le carrefour
լուսացույց
les feux de circulation

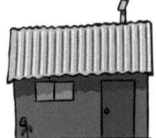

խրճիթ

la cabane

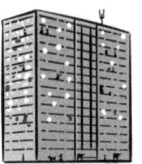

բնակարան

l'appartement

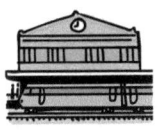

երկաթուղային կայարան

la gare

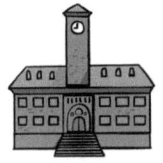

քաղաքապետարան

la mairie

MUSEUM

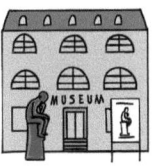

թանգարան

le musée

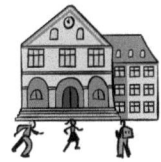

դպրոց

l'école

համալսարան

l'université

բանկ

la banque

հիվանդանոց

l'hôpital

հյուրանոց

l'hôtel

դեղատուն

la pharmacie

գրասենյակ

le bureau

գրքույկ խանութ

la librairie

խանութ

le magasin

ծաղկի խանութ

le fleuriste

սուպերմարկետ

le supermarché

շուկա

le marché

հանրախանութ

le grand magasin

ձկան խանութ

la poissonnerie

առեւտրի կենտրոն

le centre commercial

նավահանգիստ

le port

զբոսայգի

le parc

բանկերը

la banque

կամուրջ

le pont

աստիճաններ

les escaliers

մետրո

le métro

թունել

le tunnel

ավտոբուսի կանգառ

l'arrêt de bus

բար

le bar

ռեստորան

le restaurant

փոստարկղ

la boîte à lettres

փողոցային նշան

le panneau indicateur

ավտոկայանման հաշվիչ

le parcmètre

դանաբանական այգի

le zoo

լողավազան

le réverbère

մզկիթ

la mosquée

ֆերմա
la ferme

աղտոտման
la pollution

գերեզմանոց
la cimetière

եկեղեցի
l'église

խաղահրապարակ
l'aire de jeux

տաճար
le temple

բնապատկեր
le paysage

ֆելղ
la feuille

ուղղության նշան
le panneau indicateur

ճանապարհի
le chemin

մարգագետին
le pré

քար
la pierre

ծառ
l'arbre

արշավականներ
le randonneur

գետ
la rivière

խոտ
l'herbe

ծաղիկ
la fleur

հովիտ
la vallée

բլուր
la montagne

լիճ
le lac

անտառ
la forêt

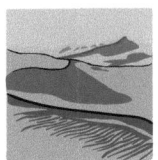

անապատ
le désert

հրաբուխ
le volcan

ամրոց
le château

ծիածան
l'arc-en-ciel

սունկ
le champignon

արմավենու ծառ
le palmier

մժեղ
le moustique

թռչել
la mouche

մրջյուն
les fourmis

մեղու
l'abeille

սարդ
l'araignée

բզեզ
....
le coléoptère

գորտ
....
la grenouille

սկյուռ
....
l'écureuil

ոզնի
....
le hérisson

նապաստակ
....
le lièvre

բու
....
la chouette

թռչուն
....
l'oiseau

կարապ
....
le cygne

վարազ
....
le sanglier

եղջերու
....
le cerf

իշայծյամ
....
l'élan

պատնեշ
....
le barrage

քամին տուրբինների
....
l'éolienne

արեւային վահանակ
....
le panneau solaire

կլիմա
....
le climat

Մատուցող
le serveur

Մենյու
le menu

աթոռ
la chaise

ապուր
la soupe

պիցցա
la pizza

սփռոց
la nappe

սպասք
les couverts

ստարտեր
les hors d'œuvre

հիմնական կերակուր
le plat principal

դեսերտ
le dessert

օրական
les boissons

սնունդ
l'alimentation

շիշ
la bouteille

արագ սնունդ

le fast-food

streetfood

les plats à emporter

թեյնիկ

la théière

շաքարաման

le sucrier

բաժին

la portion

էսպրեսսո մեքենա

la machine à expresso

մանկական աթոռ

la chaise haute

օրինագիծ

la facture

սկուտեղ

le plateau

դանակ

le couteau

պատառաքաղ

la fourchette

գդալ

la cuillère

թեյի գդալ

la cuillère à thé

անձեռոցիկ

la serviette

ապակի

le verre

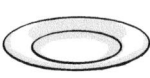

ափսե
....
l'assiette

խոր ափսե
....
l'assiette à soupe

պնակ
....
la soucoupe

սոուս
....
la sauce

աղաման
....
la salière

պղպեղի աղաց
....
le moulin à poivre

քացախ
....
le vinaigre

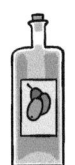

ձեթ
....
l'huile

համեմունքներ
....
les épices

կետչուպ
....
le ketchup

մանանեխ
....
la moutarde

մայոնեզ
....
la mayonnaise

սուպերմարկետ
le supermarché

հատուկ առաջարկ
l'offre promotionnelle
FOR
հաճախորդ
le client
Dairy
les produits laitiers
միրգ
les fruits
գնումների սայլակ
le chariot

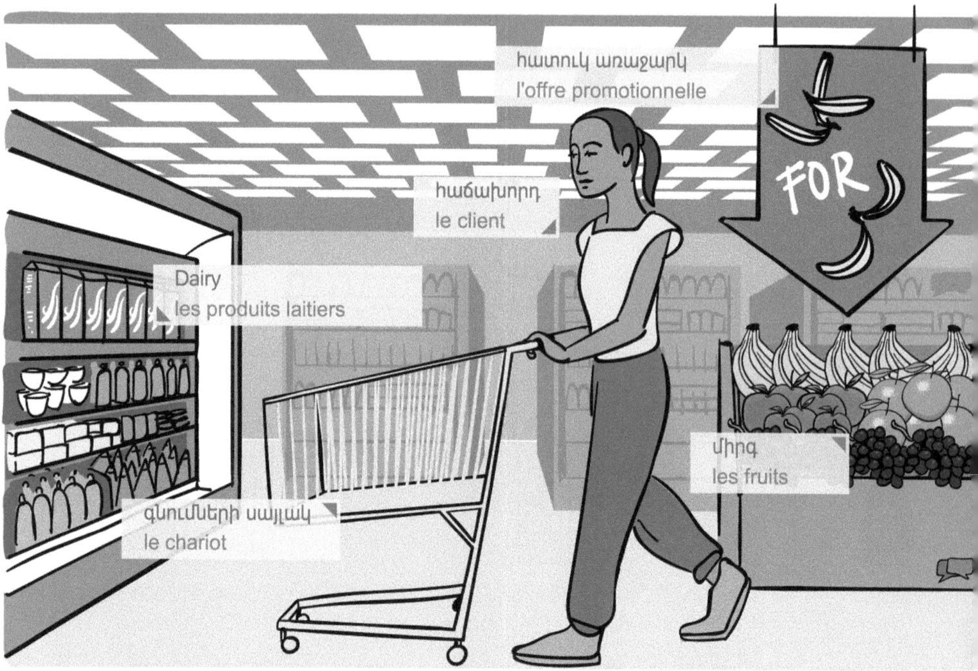

մսամթերքի խանութ

la boucherie

հացամթերքի խանութ

la boulangerie

կշռել

peser

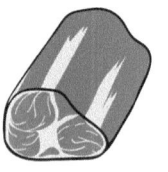

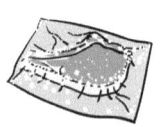

բանջարեղեն

les légumes

միս

la viande

սառեցված սննդամթերքի

les aliments surgelés

երշիկեղեն

la charcuterie

պահածոների

les conserves

լվացքի փոշի

la poudre à lessive

քաղցրավենիք

les bonbons

տնտեսական ապրանքներ

les articles ménagers

մաքրող միջոցներ

les détergents

վաճառող

la vendeuse

դրամարկղ

la caisse

գանձապահ

le caissier

գնումների ցուցակ

la liste d'achats

ժամերը

les heures d'ouverture

դրամապանակ

le portefeuille

ԿՐԵԴԻՏ քարտ

la carte de crédit

պայուսակ

le sac

պլաստիկ տոպրակ

le sac en plastique

օրական
les boissons

ջուր

l'eau

հյութ

le jus de fruit

կաթ

le lait

կոլա

le coca

գինի

le vin

գարեջուր

la bière

սպիրտ

l'alcool

կակաո

le chocolat chaud

թեյ

le thé

սուրճ

le café

էսպրեսսո

l'expresso

կապուչինո

le cappuccino

բանան

la banane

խնձոր

la pomme

նարնջի

l'orange

սեխ

le melon

կիտրոն

le citron.

գազար

la carotte

սխտոր

l'ail

բամբուկ

le bambou

սոխ

l'oignon

սունկ

le champignon

ընկուզեղեն

les noisettes

արիշտա

les pâtes

սպագետտի

les spaghetti

բրինձ

le riz

աղցան

la salade

չիպս

les pommes frites

տապակած կարտոֆիլ

les pommes de terre rôties

պիցցա

la pizza

համբուրգեր

le hamburger

սենդվիչ

le sandwich

կոտլետ

l'escalope

խոզապուխտ

le jambon

սալյամի

le salami

երշիկ

la saucisse

հավ

le poulet

խորոված

le rôti

ձուկ

le poisson

արսակի փաթիլներ

es flocons d'avoine

մյուսլի

le muesli

եգիպտացորենի փաթիլներ

les cornflakes

ալյուր

la farine

կրուասան

le croissant

բուլկի

les petits-pains

հաց

le pain

տոստ

le pain grillé

թխվածքաբլիթներ

les biscuits

կարագ

le beurre

կաթնաշոռ

le fromage blanc

տորթ

le gâteau

ձու

l'œuf

տապակած ձու

l'œuf au plat

պանիր

le fromage

պաղպաղակ
la glace

շաքար
le sucre

մեղր
le miel

ջեմ
la confiture

նուգա սերուցք
la crème nougat

կարրի
le curry

սնունդ - l'alimentation

ֆերմա
la ferme

գոմ
la grange
ծղոտի դեզ
la botte de paille
դաշտ
le champ
ձի
le cheval
կցասայլ
la remorque
տրակտոր
le tracteur
քուռակ
le poulain
ավանակ
l'âne
ոչխար
le mouton
գառ
l'agneau

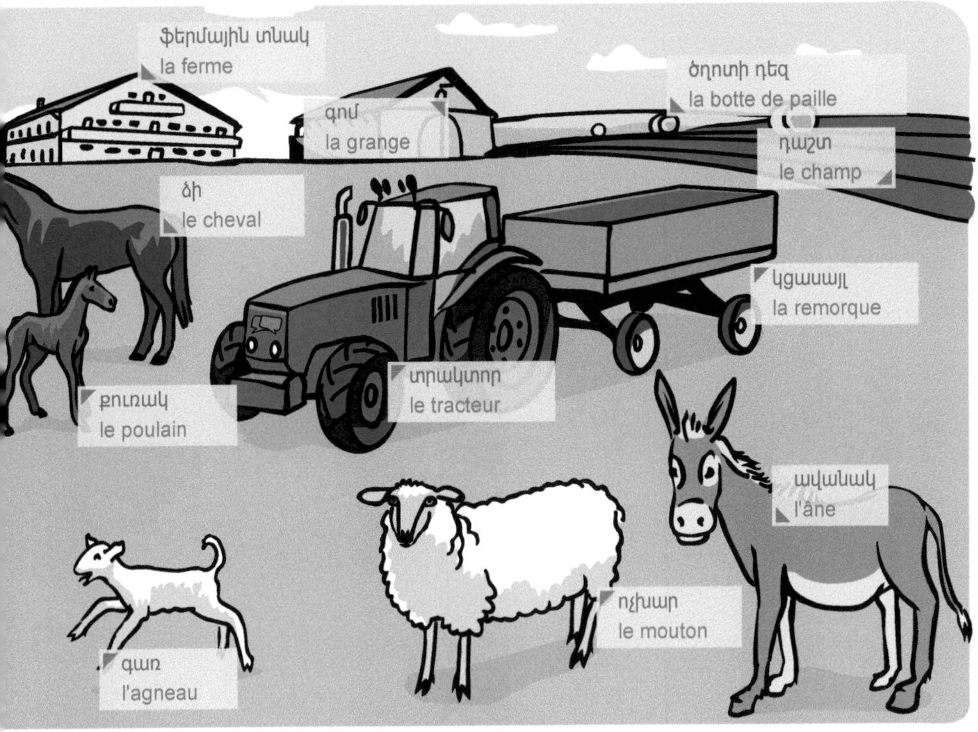

այծ

la chèvre

կով

la vache

հորթ

le veau

խոզ

le porc

խոճկոր

le porcelet

ցուլ

le taureau

սագ

l'oie

բադ

le canard

ճուտ

le poussin

հավ

la poule

աքլոր

le coq

առնետ

le rat

կատու

le chat

մուկ

la souris

ցուլ

le bœuf

շուն

le chien

շան բուն

le chenil

այգու փողրակ

le tuyau de jardin

watering կարող է

l'arrosoir

գերանդի

la faucheuse

գութան

la charrue

մանգաղ

la faucille

թոխր

la pioche

եղան

la fourche

կացին

la hache

միանիվ ձեռնասայլակ

la brouette

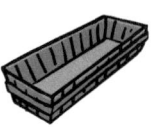

կերակրատաշտ

la cuve

կաթի բիդոն

le pot à lait

պարկ

le sac

ցանկապատ

la clôture

կայուն

l'étable

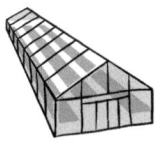

ջերմոց

le serre

հող

le sol

սերմ

les semences

պարարտանյութ

l'engrais

բերքահավաք կոմբայն

la moissonneuse-batteuse

բերք

récolter

բերք

la récolte

յամս

l'igname

ցորեն

le blé

սոյա

le soja

կարտոֆիլ

la pomme de terre

եգիպտացորեն

le maïs

rapeseed

le colza

մրգային ծառ

l'arbre fruitier

manioc

le manioc

շիլաներ

les céréales

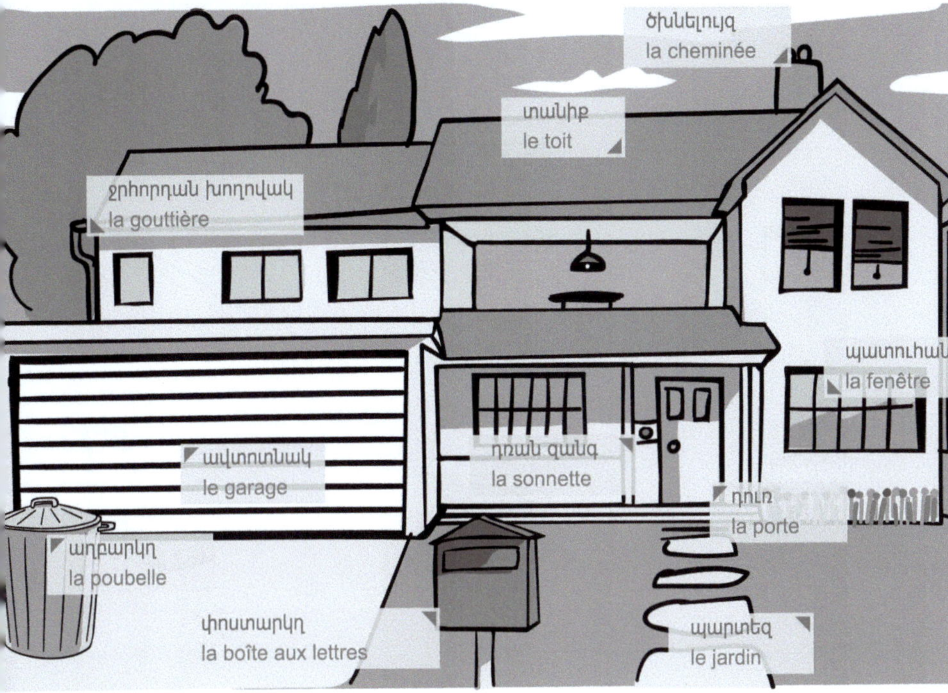

ծխնելույզ
la cheminée
տանիք
le toit
ջրհորդան խողովակ
la gouttière
պատուհան
la fenêtre
ավտոտնակ
le garage
դռան զանգ
la sonnette
դուռ
la porte
աղբարկղ
la poubelle
փոստարկղ
la boîte aux lettres
պարտեզ
le jardin

հյուրասենյակ

le salon

լողասենյակ

la salle de bain

խոհանոց

la cuisine

ննջարան

la chambre à coucher

մանկական սենյակ

la chambre d'enfant

ճաշասենյակ

la salle à manger

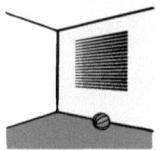

հարկ

le sol

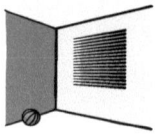

պատ

le mur

առաստաղ

le plafond

նկուղ

la cave

շոգեբաղնիք

le sauna

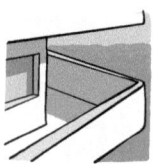

պատշգամբ

le balcon

պատշգամբ

la terrasse

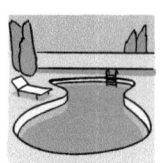

ավազան

la piscine

խոտհնձիչ

la tondeuse à gazon

թերթ

la housse

անկողնու ծածկոց

la couette

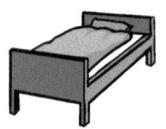

մահճակալ

le lit

ավել

le balai

դույլ

le sceau

անջատիչ

l'interrupteur

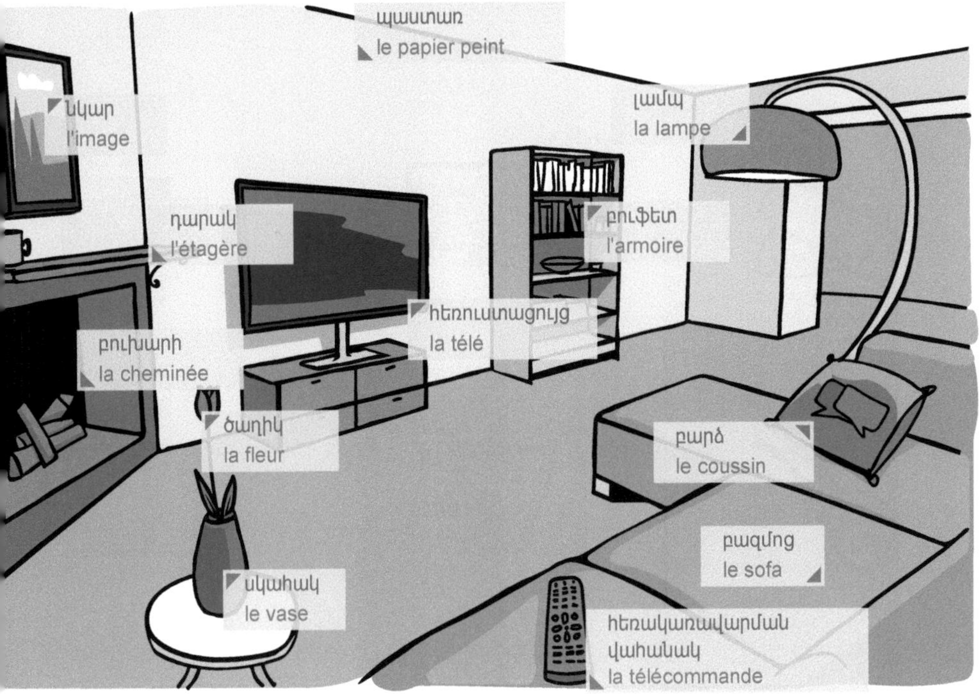

պաստառ
le papier peint

նկար
l'image

լամպ
la lampe

դարակ
l'étagère

բուֆետ
l'armoire

հեռուստացույց
la télé

բուխարի
la cheminée

ծաղիկ
la fleur

բարձ
le coussin

բազմոց
le sofa

սկահակ
le vase

հեռակառավարման վահանակ
la télécommande

գորգ
le tapis

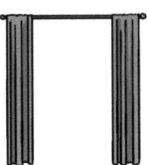

վարագույր
le rideau

սեղան
la table

աթոռ
la chaise

ճոճվող բազկաթոռ
la chaise à bascule

բազկաթոռ
le fauteuil

գիրք

le livre

վերմակ

la couverture

զարդարանք

la décoration

վառելափայտ

le bois de chauffage

ֆիլմ

le film

hi-fi

la chaîne hi-fi

բանալի

la clé

թերթ

le journal

նկար

la peinture

պլակատ

le poster

ռադիո

la radio

տետր

le bloc-notes

փոշեկուլ

l'aspirateur

կակտուս

le cactus

մոմ

la bougie

խոհանոց
la cuisine

սառնարանի
le réfrigérateur
միկրոալիքային վառարան
le four à micro-ondes
խոհանոցի կշեռք
տոստեր
le grille-pain
լվացող հեղուկ
le détergent
վառարան
le four
առնարան
e compartiment congélateur
աղբարկղ
la poubelle
աման լվացող սարք
le lave-vaisselle

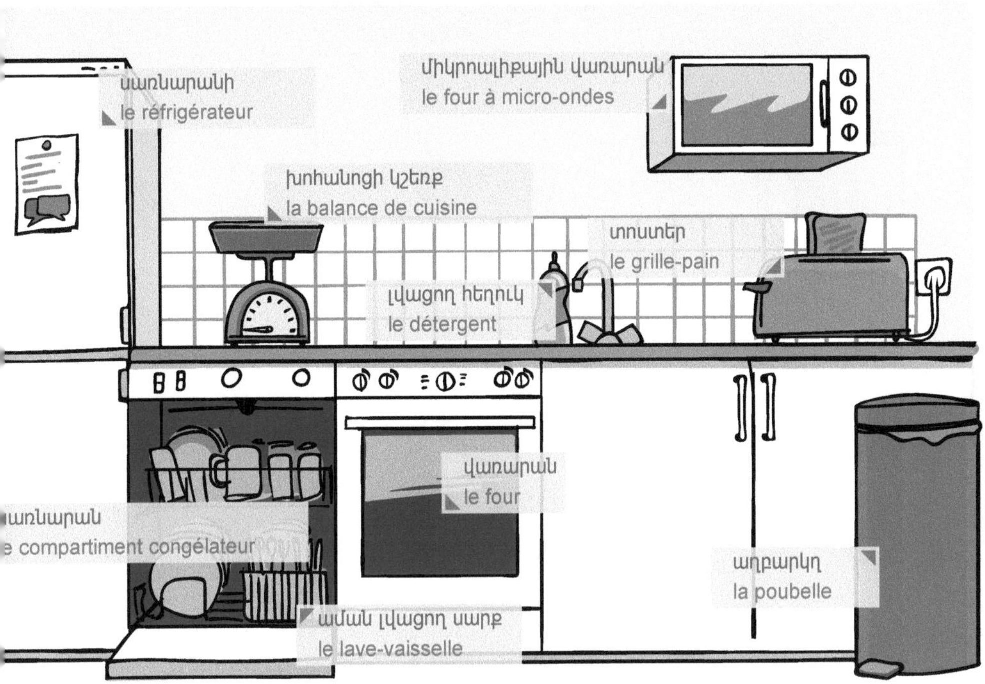

կաթսա

le four

կճուճ

la casserole

թուջե աման

la marmite

wok / kadai

le wok / kadai

թավա

la poêle

թեյնիկ

la bouilloire electrique

շոգենավ

le cuiseur vapeur

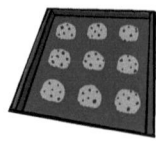

ջեռոցի սկուտեղ

la plaque de cuisson

ամանեղեն

la vaisselle

բաժակ

le gobelet

խորը աման

la coupe

փայտիկներ

les baguettes

շերեփ

la louche

խոհանոցային բահիկ

la spatule

հարել

le fouet

քամիչ

la passoire

մաղ

le tamis

քերիչ

la râpe

հավանգ

le mortier

խորոված

le barbecue

բաց կրակի

la cheminée

տախտակ

....

planche à découper

գրտնակ

....

le rouleau à pâtisserie

խցանահան

....

le tire-bouchon

բանկա

....

la boîte

բացիչ

....

l'ouvre-boîte

խոհանոցային բռնիչ

....

les maniques

լվացարան

....

le lavabo

խոզանակ

....

la brosse

սպունգ

....

l'éponge

բլենդեր

....

le mixeur

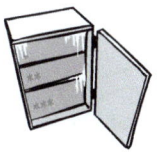

սառնարան

....

le congélateur

մանկական շիշ

....

le biberon

թակել

....

le robinet

լողասենյակ

la salle de bain

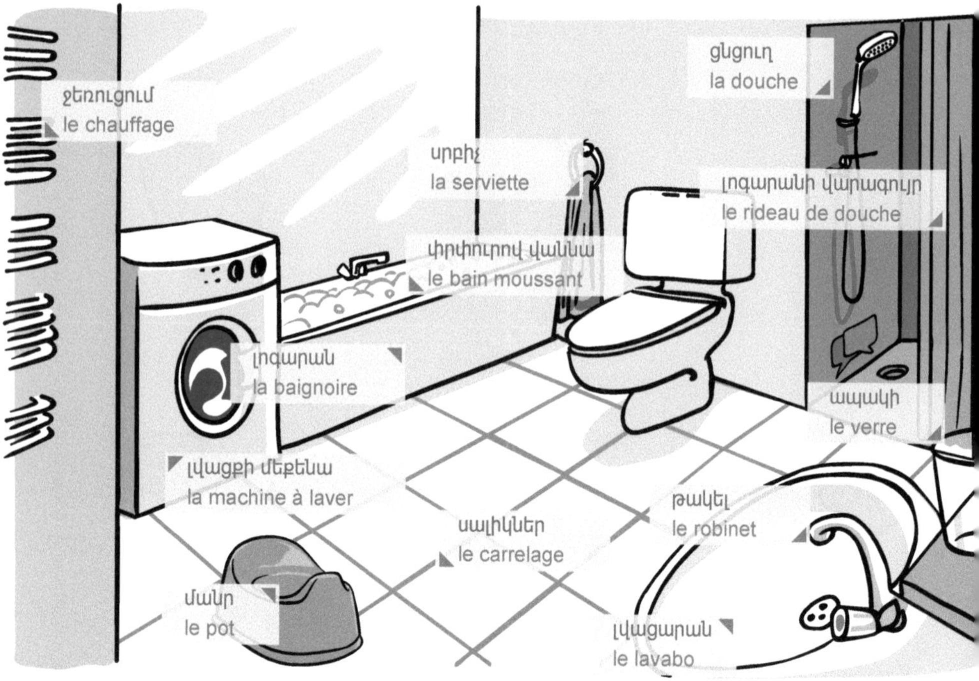

ջեռուցում
le chauffage
ցնցուղ
la douche
սրբիչ
la serviette
լոգարանի վարագույր
le rideau de douche
փրփուրով վաննա
le bain moussant
la baignoire
ապակի
le verre
լվացքի մեքենա
la machine à laver
թակել
le robinet
սալիկներ
le carrelage
մանր
le pot
լվացարան
le lavabo

զուգարան

les toilettes

կզելը զուգարան

la toilette à la turque

բիդե

le bidet

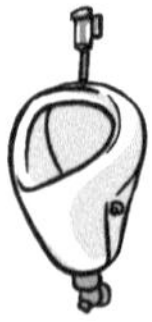

pissoir

l'urinoir

զուգարանի թուղթ

le papier toilette

զուգարանի խոզանակ

la brosse à toilette

ատամի խոզանակ

....

la brosse à dents

ատամի քսուք

....

le dentifrice

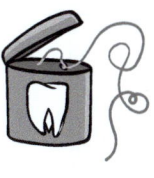

ատամի թել

....

le fil dentaire

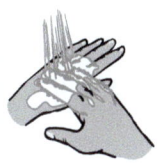

լվանալ

....

laver

ձեռքի ցնցուղ

....

la douche manuelle

ցնցուղ

....

la douche intime

ավազան

....

la vasque

մեջքի խոզանակ

....

la brosse dorsale

օճառ

....

le savon

լոգանքի գել

....

le gel douche

շամպուն

....

le shampooing

ճիլոպ

....

le gant de toilette

հատականցք

....

l'écoulement

կրեմ

....

la crème

դեզոդորանտ

....

le déodorant

հայելի

le miroir

ձեռքի հայելի

le miroir cosmétique

սափրիչ

le rasoir

Սափրվելու փրփուր

la mousse à raser

սափրվելուց հետո քսվող լոսյոն

l'après-rasage

սանր

la peigne

խոզանակ

la brosse

մազերի չորացուցիչ

le sèche-cheveux

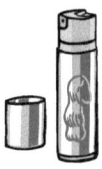

մազի լաք

la laque pour cheveux

դիմահարդարում

le fond de teint

շրթնաներկ

le rouge à lèvres

եղունգների լաք

le vernis à ongles

բամբակ

l'ouate

եղունգների մկրատ

le coupe-ongles

օծանելիք

le parfum

դիմահարդարման պայուսակ

a trousse de toilette

աթոռակ

le tabouret

կշեռք

le pèse-personne

լողանալու խալաթ

le peignoir

ռետինե ձեռնոցներ

les gants de nettoyage

տամպոն

le tampon

անիտարական սրբիչ

serviettes hygiéniques

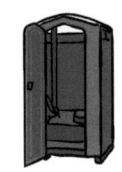

քիմիական զուգարան

la toilette chimique

մանկական սենյակ

la chambre d'enfant

զարթուցիչ ժամացույց
le réveil
փափուկ խաղալիք
le doudou
խաղալիք մեքենա
la voiture jouet
բլբլալ
le hochet
տիկնիկների տնակ
la maison de poupée
ներկա
le cadeau

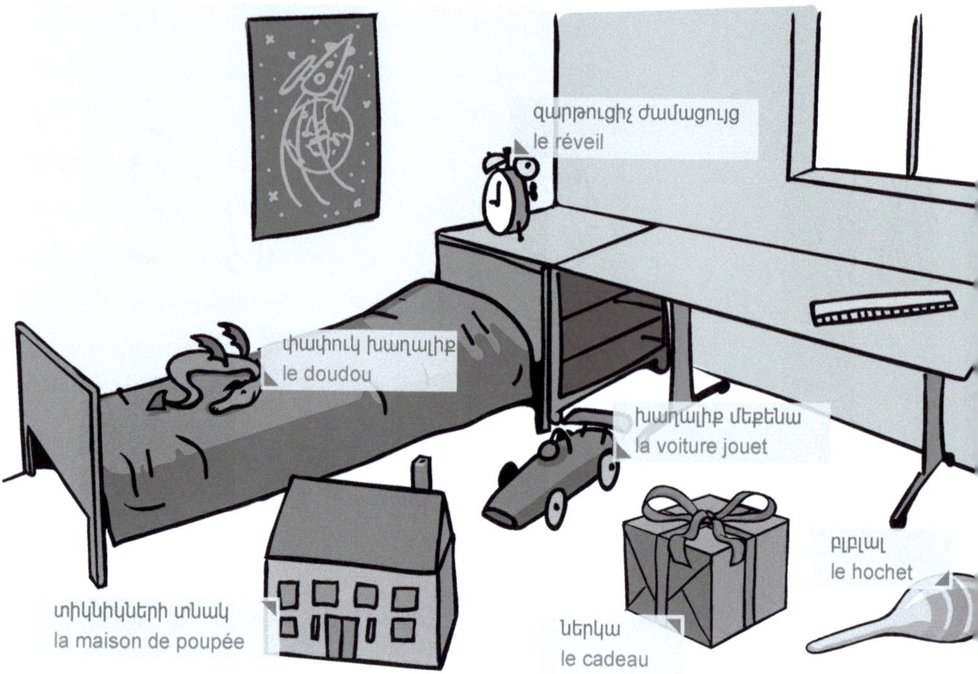

փուչիկ

le ballon

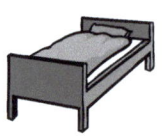

մահճակալ

le lit

մանկական սայլակ

la poussette

խաղաթղթեր

le jeu de cartes

խճապատկեր

le puzzle

կոմիքս

la bande dessinée

Լեգո կուբիկներ
les pièces lego

կառուցողական
խաղալիքներ
les blocs de construction

ակցիան գործիչ
la figurine

Մանկական բոդի
la grenouillère

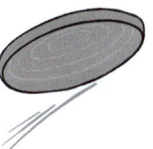

Frisbee
le frisbee

շարժական
le mobile

խաղատախտակ
le jeu de société

զառախաղ
le dé

գնացքների կազմ
le train miniature

ծծակ
la sucette

կուսակցություն
la fête

մանկական
պատկերազարդ գիրք
le livre d'images

գնդակ
la balle

տիկնիկ
la poupée

խաղալ
jouer

ավազե խաղահրապարակի

le bac à sable

ռիթմ

la balançoire

խաղալիքներ

les jouets

վիդեո խաղ մխիթարել

la console de jeu

եռանիվ հեծանիվ

le tricycle

խաղալիք արջուկ

l'ours en peluche

պահարան

l'armoire

հագուստ
les vêtements

կիսագուլպա

les chaussettes

գուլպա

les bas

զուգագուլպա

le collant

շարֆ
l'écharpe

հովանոց
le parapluie

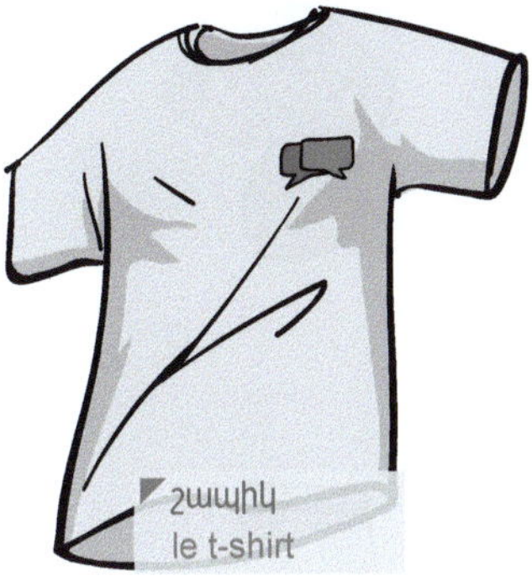

շապիկ
le t-shirt

ոտի
ceinture

սպորտային կոշիկներ
les baskets

կոշիկ
les bottes

հողաթափեր
les pantoufles

սանդալներ

les sandales

կոշիկ

les chaussures

ռետինե կոշիկներ

les bottes de caoutchouc

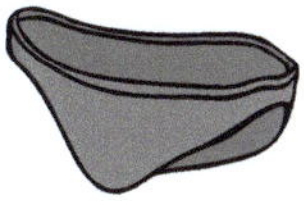

վարտիք

les sous-vêtements

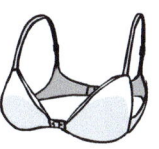

կրծկալ

le soutien-gorge

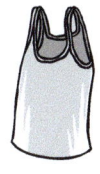

մայկա

le maillot de corps

մարմին

le body

անդրավարտիք

le pantalon

ջինս

le jean

կիսաշրջազգեստ

la jupe

բլուզ

le chemisier

վերնաշապիկ

la chemise

պուլովեր

le pull

սպորտային կուրտկա

le sweat à capuche

պիջակ

la veste

կուրտկա

la veste

վերարկու

le manteau

անձրևանոց

l'imperméable

կանացի կոստյում

le costume

զգեստ

la robe

հարսանյաց զգեստ

la robe de mariée

ղամարդու կոստյում

le costume

գիշերանոց

la chemise de nuit

պիժամա

le pyjama

Սարի

le sari

գլխաշորն

le foulard

չալմա

le turban

չադրա

la burqa

արևելյան խալաթ

le caftan

հաստ վերարկու

l'abaya

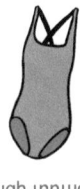

անացի լողազգեստ

le maillot de bain

տղամարդու լողազգեստ

le maillot de bain

շորտ

le short

որտային համազգեստ

tenue d'entraînement

գոգնոց

le tablier

ձեռնոցներ

les gants

կոճակ
le bouton

ակնոց
les lunettes

ապարանջան
le bracelet

վզնոց
le collier

մատանի
la bague

ականջօղ
la boucle d'oreille

գլխարկ
le bonnet

կախիչ
le cintre

գլխարկ
le chapeau

փողկապ
la cravate

շղթա
la fermeture éclair

սաղավարտ
le casque

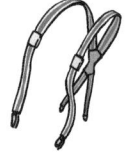

տաբատակալ
les bretelles

դպրոցական համազգեստ
l'uniforme scolaire

համազգեստ
l'uniforme

մանկական գոգնոց

le bavoir

ծծակ

la sucette

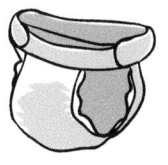

մանկական տակդիր

la lange

գրասենյակ
le bureau

սերվեր
le serveur
գրասենյակային պահարան
l'armoire d'archivage
ւղթ
papier
տպիչ
l'imprimante
մոնիտոր
l'écran
մկնիկ
la souris
գրասեղան
թղթապանակ
le classeur
ստեղնաշար
le clavier
աղբարկղ
la corbeille à papier
համակարգիչ
l'ordinateur
աթոռ
la chaise

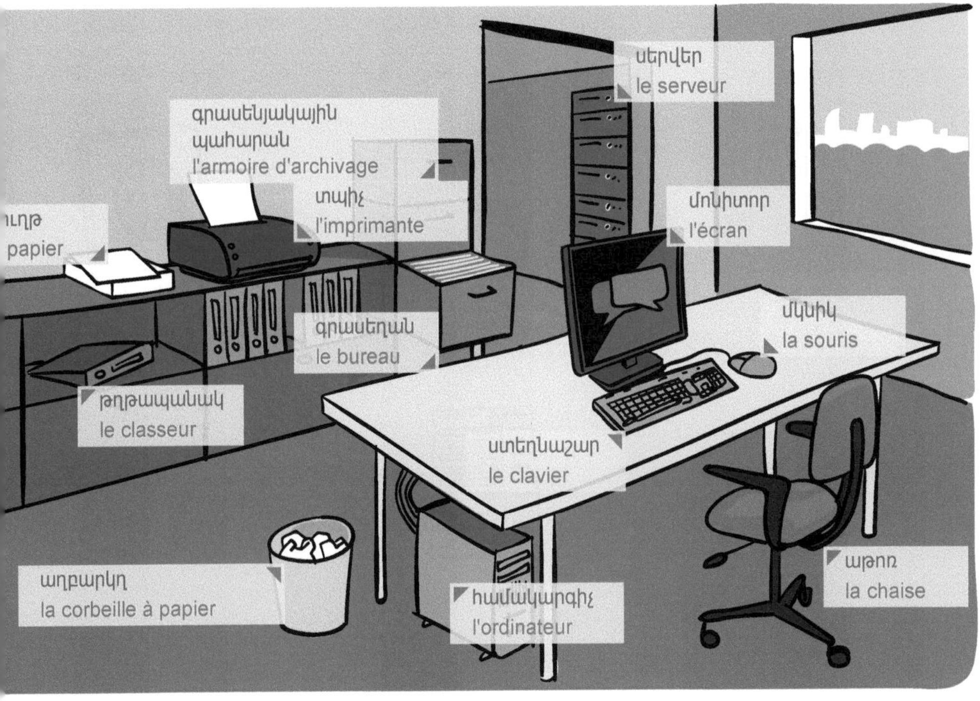

սուրճի գավաթ

la tasse de café

հաշվիչ

la calculatrice

ինտերնետ

l'internet

գրասենյակ - le bureau 49

laptop

l'ordinateur portable

նամակ

la lettre

հաղորդագրություն

le message

բջջային հեռախոս

le portable

ցանց

le réseau

պատճենահանման սարք

la photocopieuse

ծրագրային ապահովում

le logiciel

հեռախոս

le téléphone

վարդակ

la prise

ֆաքսի մեքենա

le fax

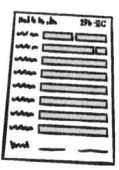

տեսակ

le formulaire

փաստաթուղթ

le document

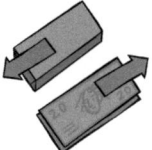

գնել
acheter

վճարել
payer

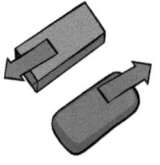

առեւտրի
faire du commerce

փող
la monnaie

դոլար
le dollar

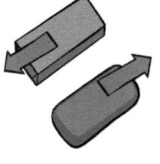

եվրո
l'euro

իեն
le yen

ռուբլի
le rouble

շվեյցարական ֆրանկ
le franc suisse

յուան
le renminbi yuan

ռուպի
la roupie

բանկոմատ
le distributeur automatique

փոխանակման կետ

le bureau de change

ոսկի

l'or

արծաթ

l'argent

նավթ

le pétrole

էներգիա

l'énergie

գին

le prix

պայմանագիր

le contrat

հարկ

la taxe

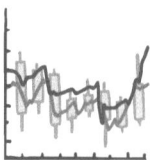

ակցիաներ

l'action

աշխատանք

travailler

ծառայող

l'employé

գործատու

l'employeur

գործարան

l'usine

խանութ

le magasin

ոստիկան
l'agent de police
հրշեջ
le pompier
խոհարար
le cuisinier
բժիշկ
le médecin
օդաչու
le pilote

այգեպան

le jardinier

ատաղձագործ

le menuisier

դերձակուհի

la couturière

դատավոր

le juge

քիմիկոս

le chimiste

դերասան

l'acteur

ավտոբուսի վարորդ

le conducteur de bus

տաքսու վարորդ

le chauffeur de taxi

ձկնորս

le pêcheur

հավաքարար

la femme de ménage

տանիքագործ

le couvreur

մատուցող

le serveur

որսորդ

le chasseur

նկարիչ

le peintre

հացթուխ

le boulanger

էլեկտրատեխնիկ

l'électricien

շինարար

l'ouvrier

ինժեներ

l'ingénieur

մսագործ

le boucher

ջրմուղագործ

le plombier

փոստատար

le facteur

զինվոր

le soldat

ճարտարապետ

l'architecte

գանձապահ

le caissier

ծաղկավաճառ

le fleuriste

վարսավիր

le coiffeur

տոմսավաճառ

le contrôleur

մեխանիկ

le mécanicien

կապիտան

le capitaine

ատամնաբույժ

le dentiste

գիտնական

le scientifique

ռաբբի

le rabbin

իմամ

l'imam

կուսակրոն

le moine

հոգևորական

le prêtre

գործիքներ
les outils

մուրճ
le marteau
տափակաբերան
աքցան
les pinces
պտուտակահան
le tournevis
դարձակ
la clé
լապտեր
la torche

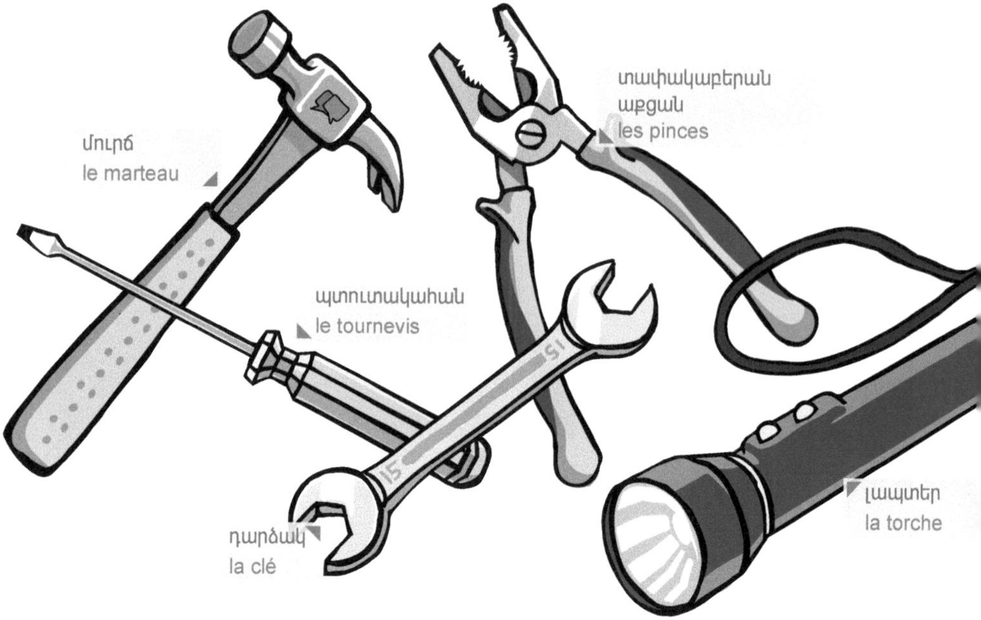

էքսկավատոր

la pelleteuse

գործիքների տուփ

la boîte à outils

սանդուղք

l'échelle

սղոց

la scie

մեխեր

les clous

գայլիկոն

la perceuse

նորոգում
....
réparer

բահ
....
la pelle

գրողը տանի
....
Mince !

գոգաթիակ
....
la pelle

ներկաման
....
le pot de peinture

պտուտակներ
....
les vis

երաժշտական գործիքներ

les instruments de musique

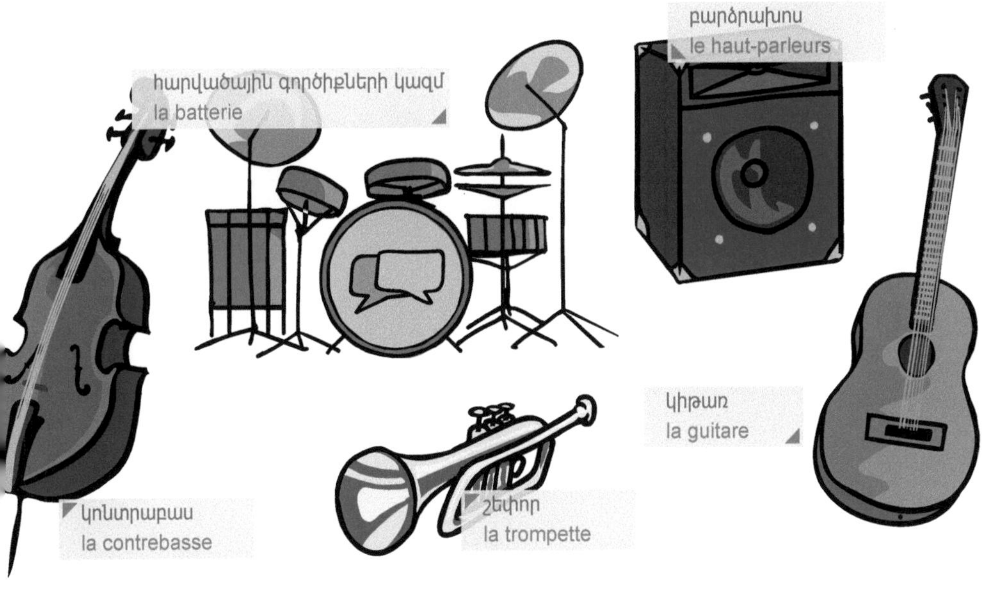

բարձրախոս
le haut-parleurs

հարվածային գործիքների կազմ
la batterie

կիթառ
la guitare

շեփոր
la trompette

կոնտրաբաս
la contrebasse

դաշնամուր
le piano

ջութակ
le violon

բաս
la basse

թմբուկներ
les timbales

հարվածային գործիքներ
le tambour

ստեղնաշար
le piano électrique

սաքսոֆոն
le saxophone

ֆլեյտա
la flûte

միկրոֆոն
le microphone

կենդանաբանական այգի

le zoo

մուտք
l'entrée
le tigre
վանդակ
la cage
զեբր
le zèbre
կենդանիների կերակուր
l'alimentation animale
պանդա
le panda

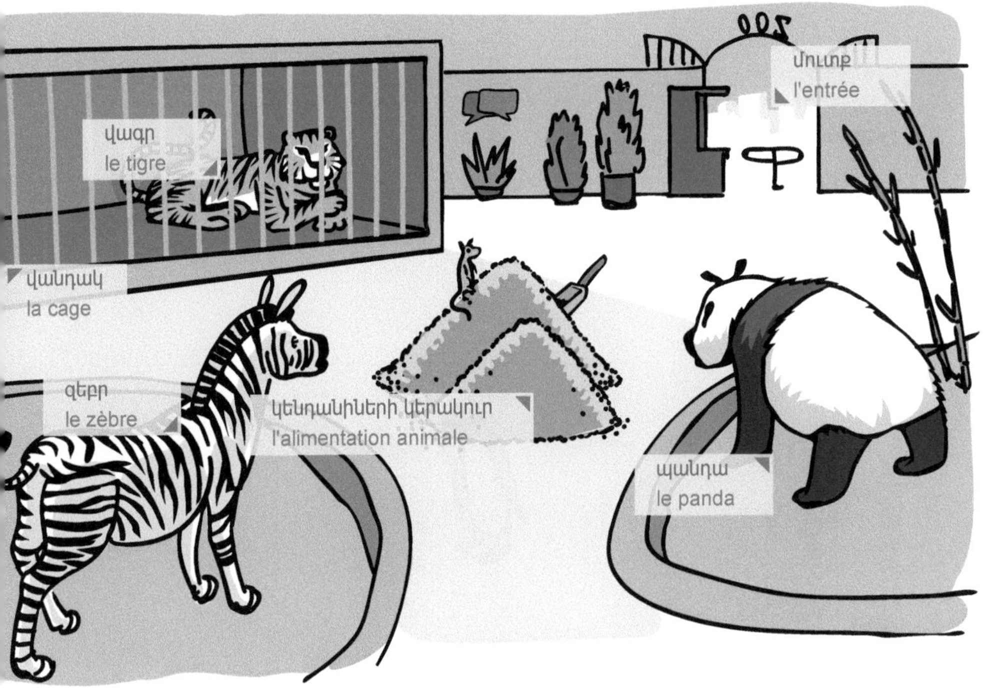

կենդանիներ

les animaux

փիղ

l'éléphant

կենգուրու

le kangourou

ռնգեղջյուր

le rhinocéros

գորիլա

le gorille

գորշ արջ

l'ours

ուղտ

le chameau

ջայլամ

l'autruche

առյուծ

le lion

կապիկ

le singe

ֆլամինգո

le flamand rose

թութակ

le perroquet

բևեռային արջ

l'ours polaire

պինգվին

le pingouin

շնաձուկ

le requin

սիրամարգ

le paon

օձ

le serpent

կոկորդիլոս

le crocodile

կենդանաբանական այգու
աշխատող

le gardien de zoo

փոկ

le phoque

յագուար

le jaguar

պոնի
....
le poney

ընձառյուծ
....
le léopard

գետաձի
....
l'hippopotame

ընձուղտ
....
la girafe

արծիվ
....
l'aigle

վարազ
....
le sanglier

ձուկ
....
le poisson

կրիա
....
la tortue

ծովացուլ
....
le morse

աղվես
....
le renard

վիթ
....
la gazelle

սպորտներ
les sports

ամերիկյան ֆուտբոլ
l'american Football
հեծանվավազք
le cyclisme
թենիս
le tennis
բասկետբոլ
le basket-ball
լող
la natation
բռնցքամարտ
la boxe
հոկեյ
le hockey sur glace

ֆուտբոլ
le football

բադմինտոն
le badminton

աթլետիկա
l'athlétisme

ձեռքի գնդակ
le handball

դահուկային սպորտ
le ski

պոլո
le polo

գործունեություն

les activités

ցատկել
sauter
գրկել
embrasser
ծիծաղել
rire
քայլել
marcher
երգել
chanter
երազել
rêver
աղոթել
prier
համբուրել
faire la bise

գրել

écrire

նկարել

dessiner

ցույց տալ

montrer

հրել

pousser

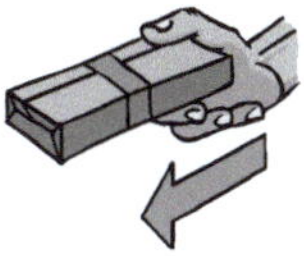

տալ

donner

վերցնել

prendre

ունենալ

avoir

դեպի

faire

լինել

être

կանգնել

être debout

վազել

courir

քաշել

trier

նետել

jeter

ընկնել

tomber

ստել

être couché

սպասել

attendre

կրել

porter

նստել

être assis

հագնվել

s'habiller

քնել

dormir

արթնանալ

se réveiller

նայել

regarder

լացել

pleurer

շոյել

caresser

սանրվել

peigner

խոսել

parler

հասկանալ

comprendre

հարցնել

demander

լսել

écouter

խմել

boire

ուտել

manger

հարդարվել

ranger

սիրել

aimer

խոհարար

cuire

քշել

conduire

թռչել

voler

լողալ
....
faire de la voile

հաշվել
....
calculer

կարդալ
....
lire

սովորել
....
apprendre

աշխատանք
....
travailler

ամուսնանալ
....
se marier

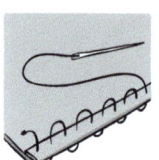

կարել
....
coudre

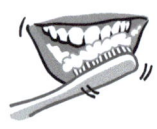

ատամները լվանալ
....
brosser les dents

սպանել
....
tuer

ծուխ
....
fumer

ուղարկել
....
envoyer

ընտանիք
la famille

իկ
and-mère
պապիկ
le grand-père
հայր
le père
մայր
la mère
երեխա
le bébé
դուստր
la fille
որդի
le fils

հյուր

l'hôte

հորաքույր

la tante

հորեղբայր

l'oncle

եղբայր

le frère

քույր

la sœur

մարմին

le corps

le front
աչք
l'œil
ուս
l'épaule
մատ
le doigt
դեմք
le visage
կզակ
le menton
ձեռք
la main
կուրծք
la poitrine
ոտք
la jambe
թև
le bras

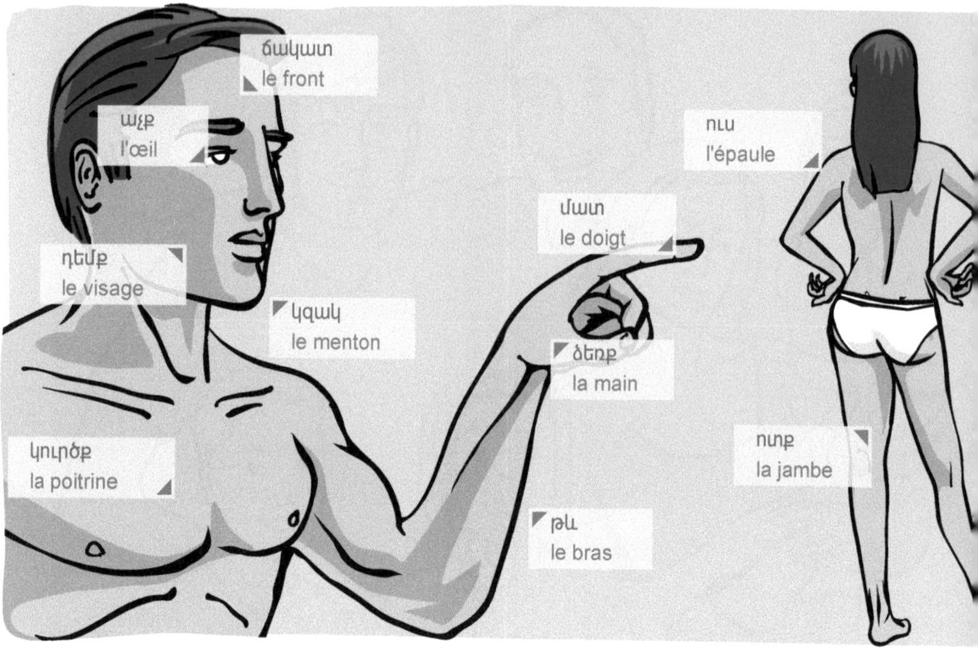

երեխա

le bébé

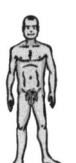

մարդ

l'homme

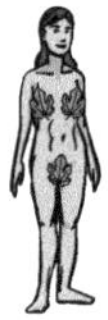

կին

la femme

աղջիկ

la fille

տղա

le garçon

գլուխ

la tête

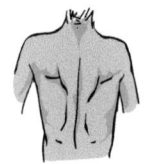

մեջք

le dos

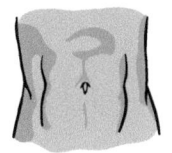

փոր

le ventre

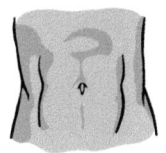

պորտ

le nombril

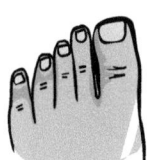

ոտնամատ

l'orteil

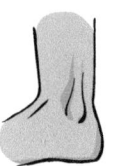

կրունկ

le talon

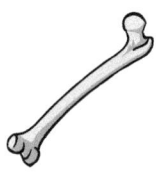

ոսկոր

l'os

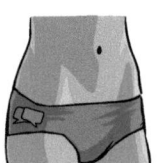

ազդր

la hanche

ծունկ

le genou

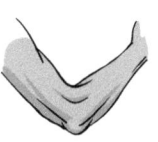

արմունկ

le coude

քիթ

le nez

հետույք

les fesses

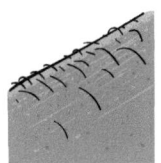

մաշկ

la peau

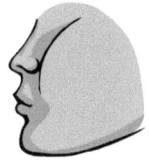

այտ

la joue

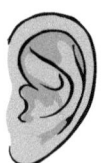

ականջ

l'oreille

շրթունք

la lèvre

բերան

la bouche

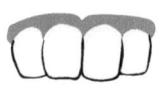

ատամ

la dent

լեզու

la langue

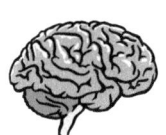

ուղեղ

le cerveau

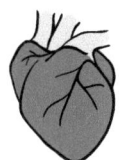

սիրտ

le cœur

մկան

le muscle

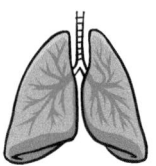

թոք

les poumons

լյարդ

le foie

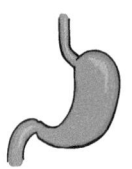

ստամոքս

l'estomac

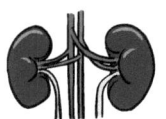

երիկամներ

les reins

սեքս

le rapport sexuel

պահպանակներ

le préservatif

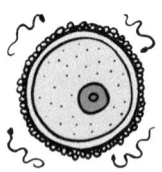

ձվաբջիջը

l'ovule

Սեմյոն

le sperme

հղիություն

la grossesse

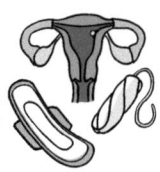

դաշտան

la menstruation

հեշտոց

le vagin

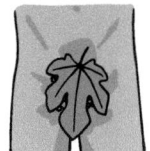

առնանդամ

le pénis

հոնք

le sourcil

մազ

les cheveux

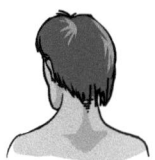

պարանոց

le cou

մարմին - le corps

հիվանդանոց
l'hôpital

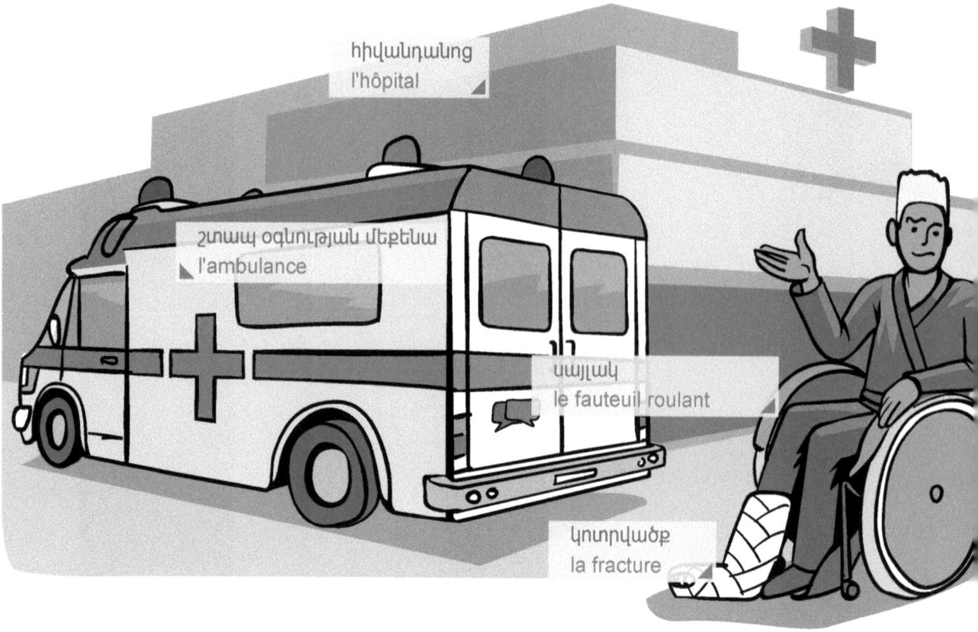

հիվանդանոց
l'hôpital
շտապ օգնության մեքենա
l'ambulance
սայլակ
le fauteuil roulant
կոտրվածք
la fracture

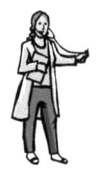

բժիշկ

le médecin

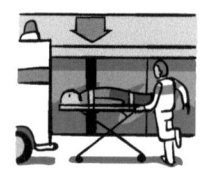

շտապ օգնության սենյակ

le service des urgences

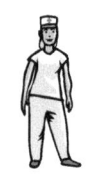

բուժքույր

l'infirmière

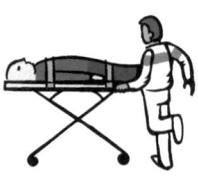

շտապ օգնություն

l'urgence

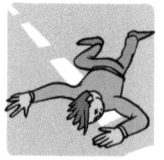

անգիտակից

inconscient

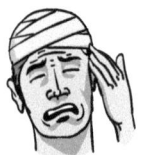

ցավ

la douleur

վնասվածք

....

la blessure

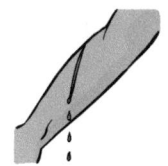

արյունահոսություն

....

l'hémorragie

սրտի կաթված

....

la crise cardiaque

կաթված

....

l'attaque cérébrale

ալերգիա

....

l'allergie

հազ

....

la toux

տենդ

....

la fièvre

գրիպ

....

la grippe

փորլուծություն

....

la diarrhée

գլխացավ

....

le mal de tête

քաղցկեղ

....

le cancer

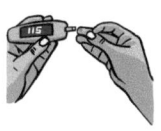

դիաբետ

....

le diabète

վիրաբույժ

....

le chirurgien

վիրադանակ

....

le scalpel

վիրահատությւոն

....

l'opération

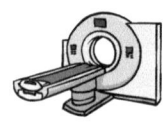

CT

le CT

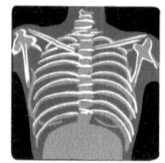

ռենտգեն

la radiographie

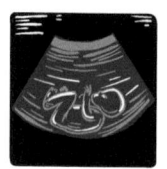

ուլտրաձայնային

l'échographie

դեմքի դիմակ

le masque

հիվանդություն

la maladie

սպասասրահ

la salle d'attente

հենակ

la béquille

սպեղանի

le pansement

վիրակապ

le pansement

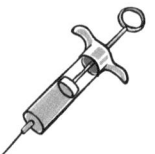

ներարկում

l'injection

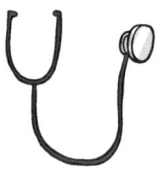

լսափողակ

le stéthoscope

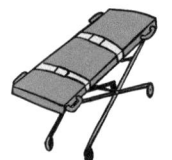

պատգարակ

le brancard

ջերմաչափ

le thermomètre

ծնունդ

l'accouchement

ավելաքաշ

la surcharge pondérale

լսելով օգնության

l'appareil auditif

ախտահանիչ

le désinfectant

վարակ

l'infection

վիրուս

le virus

ՄԻԱՎ / ՁԻԱՀ

le VIH / le sida

դեղորայք

le médicament

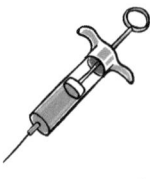

պատվաստում

la vaccination

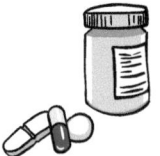

հաբեր

les comprimés

հաբ

la pilule

ահազանգ

l'appel d'urgence

արյան ճնշման չափիչ սարք

le tensiomètre

հիվանդ / առողջ

malade / sain

Շտապ օգնություն

l'urgence

Օգնություն!

Au secours !

տագնապի ազդանշան

l'alarme

հարձակում

l'assaut

հարձակում

l'attaque

վտանգ

le danger

վթարային ելք

la sortie de secours

Հրդեհ

Au feu!

կրակմարիչ

l'extincteur

վթար

l'accident

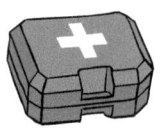

առաջին օգնության դեղարկղ

la trousse de premier secours

SOS

SOS

ոստիկանություն

la police

երկիր
la terre

Եվրոպա

l'Europe

Յյուսիսային Ամերիկա

l'Amérique du Nord

Յարավային Ամերիկա

l'Amérique du Sud

Աֆրիկա

l'Afrique

Ասիա

l'Asie

Ավստրալիա

l'Australie

ոլանտյան օվկիանոս

l'Océan atlantique

Խաղաղ օվկիանոս

l'Océan pacifique

Յնդկական օվկիանոս

l'Océan indien

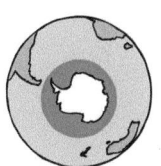

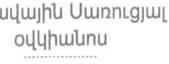

արավային Սառուցյալ օվկիանոս

l'Océan antarctique

Յյուսիսային Սառուցյալ օվկիանոս

l'Océan arctique

հյուսիսային բևեռ

le Pôle nord

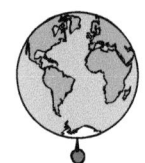

հարավային բևեռ

le Pôle sud

Անտարկտիդա

l'Antarctique

երկիր

la terre

ցամաք

le pays

ծով

la mer

կղզի

l'île

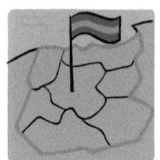

ազգ

la nation

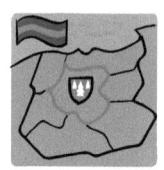

պետական

l'état

ժամացույց
...heure(s)

թվատախտակ

le cadran

ժամի սլաք

l'aiguille des heures

րոպեի սլաք

l'aiguille des minutes

վայրկյանի սլաք

iguille des secondes

ժամը քանիսն է?

Quelle heure est-il ?

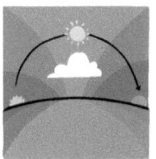

օր

le jour

այսպիսով

le temps

այժմ

maintenant

թվային ժամացույց

la montre digitale

րոպե

la minute

ժամ

l'heure

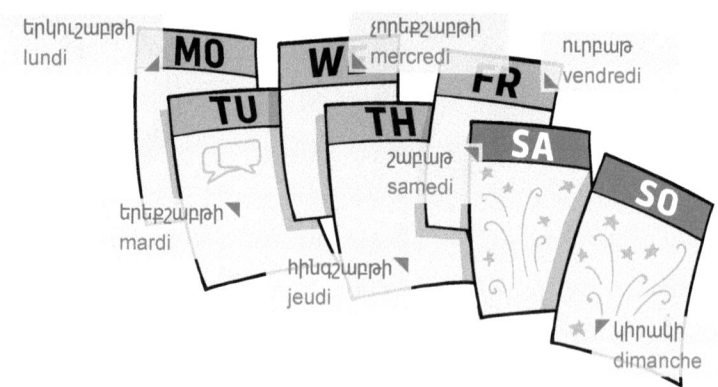

շաբաթ
la semaine

երկուշաբթի
lundi

չորեքշաբթի
mercredi

ուրբաթ
vendredi

շաբաթ
samedi

երեքշաբթի
mardi

հինգշաբթի
jeudi

կիրակի
dimanche

այսօր
hier

այսօր
aujourd'hui

վաղը
demain

առավոտ
le matin

կեսօր
le midi

երեկո
le soir

աշխատանքային օրեր
les jours ouvrables

շաբաթվա վերջ
le week-end

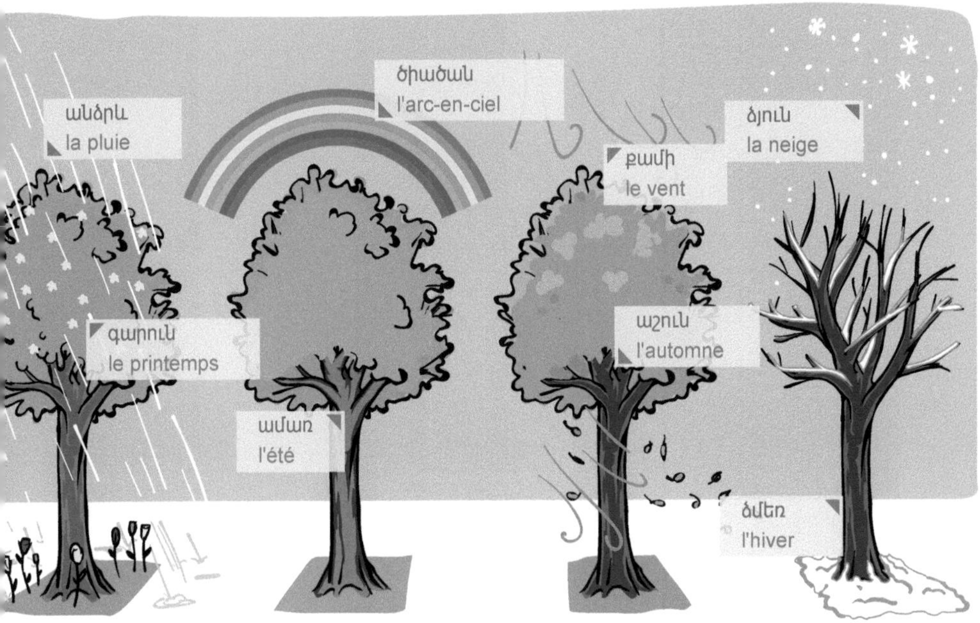

անձրև
la pluie
ծիածան
l'arc-en-ciel
ձյուն
la neige
քամի
le vent
գարուն
le printemps
ամառ
l'été
աշուն
l'automne
ձմեռ
l'hiver

4.APRIL 11°
5.APRIL 4°
6.APRIL 13°
7.APRIL 8°
8.APRIL 10°

ղանակի տեսություն

la météo

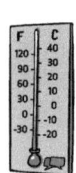

ջերմաչափ

le thermomètre

արևի լույս

la lumière du soleil

ամպ

le nuage

մառախուղ

le brouillard

խոնավություն

l'humidité

կայծակ

la foudre

որոտ

la tonnerre

փոթորիկ

la tempête

կարկուտ

la grêle

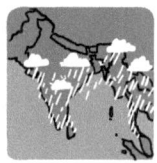

մուսոն

la mousson

ջրհեղեղ

l'inondation

սառույց

la glace

հունվար

janvier

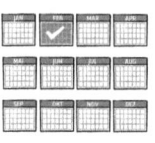

փետրվար

février

մարտ

mars

ապրիլ

avril

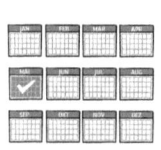

մայիս

mai

հունիս

juin

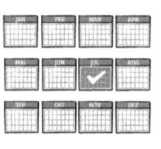

հուլիս

juillet

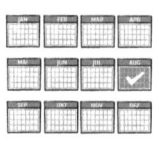

օգոստոս

août

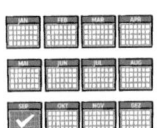

սեպտեմբեր

septembre

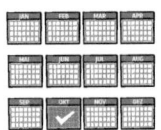

հոկտեմբեր

octobre

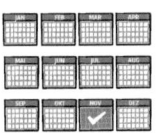

նոյեմբեր

novembre

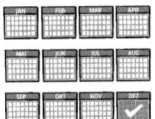

դեկտեմբեր

décembre

ձևավորում

les formes

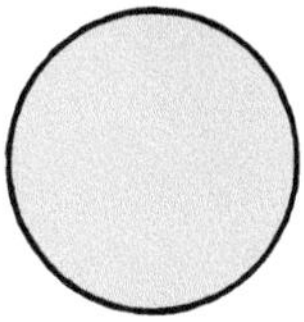

շրջան

le cercle

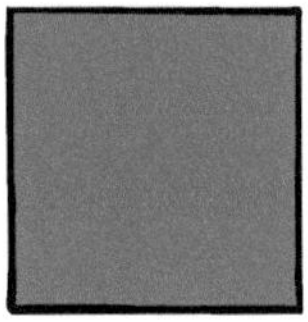

քառակուսի

le carré

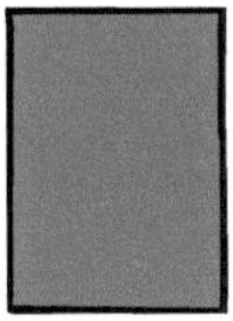

ուղղանկյունի

le rectangle

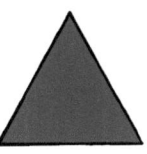

եռանկյունի

le triangle

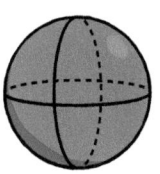

ասպարեզ

la sphère

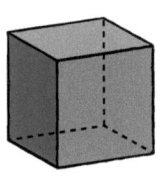

խորանարդ

le cube

les couleurs

վարդագույն

....

blanc

մոխրագույն

....

jaune

դեղին

....

orange

մանուշակագույն

....

rose

կարմիր

....

rouge

շագանակագույն

....

violet

կապույտ

....

bleu

սև

....

vert

նարնջագույն

....

marron

սպիտակ

....

gris

կանաչ

....

noir

հակադիրներ
les oppositions

շատ / քիչ

beaucoup / peu

բարկացած / հանգիստ

fâché / calme

գեղեցիկ / տգեղ

joli / laid

սկսած / վերջը

le début / la fin

մեծ / փոքր

grand / petit

պայծառ / մութ

clair / obscure

եղբայրը / քույրը

frère / soeur

մաքուր / կեղտոտ

propre / sale

ամբողջական / թերի

complet / incomplet

օր / գիշեր

le jour / la nuit

մեռած / կենդանի

mort / vivant

լայն / նեղ

large / étroit

ուտելի / անուտելի

comestible / incomestible

չար / բարի

méchant / gentil

հուզված / ձանձրացրել

excité / ennuyé

հաստ / բարակ

gros / mince

առաջին / վերջին

le premier / le dernier

ընկերը / թշնամին

l'ami / l'ennemi

լիքը / դատարկ

plein / vide

կոշտ / փափուկ

dur / souple

ծանր / թեթև

lourd / léger

քաղց / ծարավ

faim / soif

հիվանդ / առողջ

malade / sain

անօրինական է / իրավաբանական

illégal / légal

խելացի / հիմարություն

intelligent / stupide

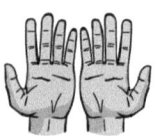

ձախ / աջ

gauche / droite

մոտիկ / հեռու

proche / loin

որ / օգտագործվում

nouveau / usé

ոչինչ / ինչ - որ բան

rien / quelque chose

ծեր / երիտասարդ

vieux / jeune

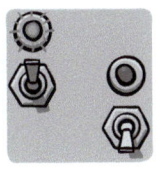

իացում անջատում

marche / arrêt

բաց / փակ

ouvert / fermé

ցածր / բարձր

faible / fort

հարուստ / աղքատ

riche / pauvre

ճիշտ / սխալ

correct / incorrect

անհարթ / հարթ

rugueux / lisse

տխուր / ուրախ

triste / heureux

կարճ / երկար

court / long

դանդաղ / արագ

lent / rapide

թաց / չոր

mouillé / sec

տաք / թույն

chaud / froid

պատերազմ / խաղաղություն

la guerre / la paix

թվեր
les nombres

0	**1**	**2**
զրո	մեկ	երկու
zéro	un / une	deux
3	**4**	**5**
երեք	չորս	հինգ
trois	quatre	cinq
6	**7**	**8**
վեց	յոթ	ութ
six	sept	huit
9	**10**	**11**
ինը	տաս	տասնմեկ
neuf	dix	onze

12

տասներկու
douze

13

տասներեք
treize

14

տասնչորս
quatorze

15

տասնհինգ
quinze

16

տասնվեց
seize

17

տասնյոթ
dix-sept

18

տասնութ
dix-huit

19

տասնինը
dix-neuf

20

քսան
vingt

100

հարյուր
cent

1.000

հազար
mille

1.000.000

միլիոն
le million

լեզուներ

les langues

անգլերեն

l'anglais

ամերիկյան անգլերեն

l'anglais américain

չինարեն մանդարին

le chinois mandarin

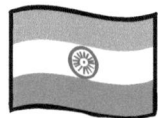

հինդի

le hindi

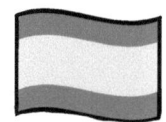

իսպաներեն

l'espagnol

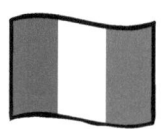

ֆրանսերեն

le français

արաբերեն

l'arabe

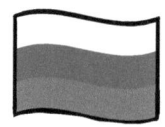

ռուսերեն

le russe

պորտուգալերեն

le portugais

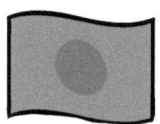

բենգալերեն

le bengali

գերմաներեն

l'allemand

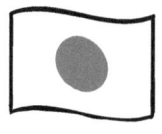

ճապոներեն

le japonais

Ով է /, թե ինչ է /, ինչպես
qui / quoi / comment

ես

je

դուք

tu

Նա / նա /, որ դա

il / elle / ce, c', cela

մենք

nous

դուք

vous

նրանք

ils / elles

Ով է?

Qui ?

ինչ?

Quoi ?

ինչպես?

Comment ?

որտեղ.

Où ?

երբ?

Quand ?

անուն

le nom

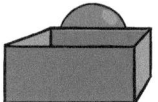

որտեղ
où

ետևում

derrière

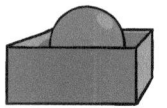

մեջ

dans

դիմաց

devant

վրա

au-dessus

վրա

sur

տակ

en-dessous

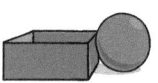

կողքին

à côté de

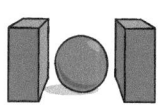

միջեւ

entre

տեղ

le lieu